AF454560

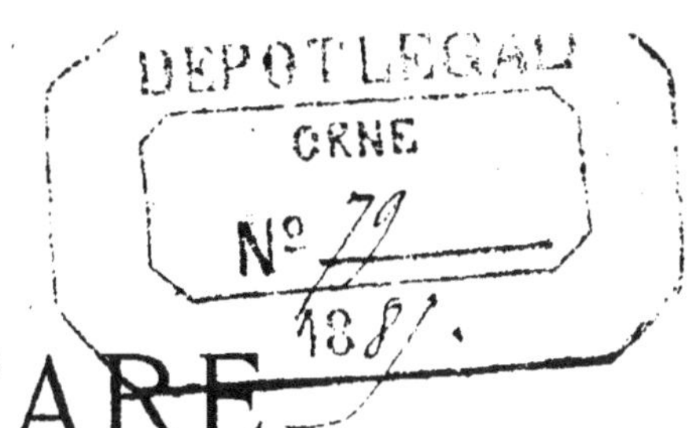

SAINTE FARE

SES RELIQUES ET SON CULTE

EN L'ÉGLISE DE MONTGAROULT

PAR

J. ROMBAULT

CHANOINE HONORAIRE

SUPÉRIEUR DU PETIT SÉMINAIRE DE SÉEZ

SÉEZ, TYPOGRAPHIE F. MONTAUZÉ

1885

SAINTE FARE

SES RELIQUES ET SON CULTE

EN L'ÉGLISE DE MONTGAROULT

PAR

J. ROMBAULT

CHANOINE HONORAIRE

SUPÉRIEUR DU PETIT SÉMINAIRE DE SÉEZ

SÉEZ, TYPOGRAPHIE F. MONTAUZÉ

1885

IMPRIMATUR.

Sagii, die 30 octobris 1885.

† Fʀ.-M., *Episc. Sagien.*

La Notice que nous donnons ici, sur la vierge sainte Fare, est l'analyse d'un récit plus considérable.

En racontant ce qui a trait aux reliques de la sainte et au don qui en a été fait à l'église de Mont-garoult, nous avons utilisé les précieux ren-seignements que M. l'abbé Denis, chanoine de la Cathédrale de Meaux, a bien voulu nous transmettre. Nous y avons joint le fruit de nos recherches dans les archives de l'Evéché de Séez.

Si minime que soit ce travail, nous souhai-tons qu'il serve à propager le culte de sainte Fare, et qu'il inspire à ceux qui le liront l'éloignement du monde et le goût de la vertu.

SAINTE FARE

SES RELIQUES ET SON CULTE

EN L'ÉGLISE DE MONTGAROULT

I. Sainte Fare, qui est honorée en l'église
de Montgaroult, au diocèse de Séez, naquit
dans la seconde partie du vi^e siècle et fut la
première abbesse de Faremoutiers (1). Son
père s'appelait Agnéric, il descendait d'une
ancienne famille de Bourgogne; sa mère,
nommée Léodegonde, était fille unique et héri-
tière du comte de Meaux.

Fare était encore jeune et déjà prévenue de
la grâce, lorsque ses parents reçurent dans
leur château la visite de saint Colomban, abbé
de Luxeuil.

L'homme de Dieu ayant aperçu, dans les
mains de la jeune fille, des épis de blé mûrs,
quoiqu'on ne fût pas encore au temps de la

(1) Célèbre abbaye de religieuses, au diocèse de
Meaux.

moisson, reconnut dans ce prodige la manifestation de la vertu précoce de sainte Fare. Il l'entretint en particulier de Notre-Seigneur Jésus-Christ, de ses adorables perfections, de son amour pour les hommes. « Mon Père, répondit-elle à saint Colomban, le divin Seigneur dont vous me parlez ne serait-il pas celui qui se montre à moi pendant la nuit, tantôt sous la forme d'un enfant d'une beauté merveilleuse, tantôt sous celle d'un homme plein de majesté, mais déchiré de coups de fouet, couronné d'épines, attaché à une croix et qui a sa mère en sa compagnie ? »

Colomban ayant reconnu la vérité de ces apparitions, engagea l'enfant à se consacrer sans réserve à Celui qui l'attirait à son service par des faveurs si extraordinaires. Sainte Fare le fit sur l'heure. Tombant à genoux, elle joignit les mains, puis tenant les yeux élevés au ciel, elle dit dans toute la ferveur de son âme : « Je m'offre à Jésus-Christ ; je lui donne mon corps et mon âme, et je veux être toute à lui pour le temps et pour l'éternité. »

Se voyant mise au nombre des vierges par cette consécration, sainte Fare veillait à ne rien faire qui la rendît indigne d'un si grand honneur. Elle employait une partie de la journée aux exercices de la piété, et le reste du temps au travail des mains. Dirigée par la grâce qui croissait en elle avec les années, elle était sage et discrète, faisant la joie de ses parents et l'admiration de ceux qui venaient au château. Elle atteignit ainsi son âge de quatorze ans. Ce fut pour elle le temps de l'épreuve.

Son père voulut la marier à un jeune seigneur, en qui il voyait un parti avantageux pour sa fille et pour sa maison.

La sainte, à cette nouvelle, fut saisie de la plus poignante douleur.

Une maladie s'en suivit qui ruina ses forces, et les larmes abondantes qu'elle versa lui firent perdre la vue. Cependant, au bout de trois ans, saint Eustaise, disciple de saint Colomban, étant venu la visiter, obtint de son père qu'il la laisserait libre de ne pas se marier. Sur cette

promesse, il la guérit parfaitement tant de sa cécité que de sa langueur.

Sainte Fare reprit aussitôt ses habitudes de piété; mais Agnéric, oubliant sa parole, renoua les négociations du mariage; il en vint même à fixer le jour des noces. Que fera, en cette extrémité, la vierge de Jésus-Christ ? Elle implore la protection de son divin époux, quitte la maison paternelle et s'en va, près de la ville de Meaux, se cacher dans une chapelle dédiée à saint Pierre. Là, fondant en larmes et le visage collé contre terre, elle pria en ces termes : « Apôtre de Jésus-Christ, qui ouvrez aux justes le royaume des cieux et le fermez aux pécheurs, je me confie en votre charité et je vous supplie de me recevoir au nombre des vierges de l'Eglise. Et vous, mon admirable Jésus, qui avez tant de compassion des affligés, conservez, je vous en conjure, la fleur de ma vertu que je vous ai vouée depuis ma tendre enfance. »

Cependant Agnéric instruit de la disparition de sa fille, entra en grande colère et envoya ses domestiques à sa recherche. Ils la trouvèrent dans la chapelle, disposée à perdre plutôt la vie que le trésor de sa virginité. On l'amena de force au château où son père, pendant six mois, lui fit endurer les plus rigoureux traitements. Il fallut que saint Eustaise sortît de son désert et vînt le menacer des jugements de Dieu, s'il ne laissait à sa fille la faculté de suivre sa vocation.

Changé et pleinement converti à la voix du pieux cénobite, non seulement Agnéric consentit à ce que sa fille reçût le voile des vierges, mais il lui bâtit un monastère. Gondoald, évêque de Meaux, la conduisit dans cette retraite avec plusieurs compagnes qui, à son exemple, quittèrent le monde pour s'attacher uniquement à Jésus-Christ.

Première Abbesse et fondatrice de l'Abbaye de Faremoutiers, « elle fut supérieure, dit un de ses biographes, beaucoup plus par la prééminence de ses bonnes œuvres que par l'autorité de ses commandements. On la voyait la première au chœur, la plus fervente à la psalmodie, la plus constante dans l'oraison et

la plus exacte à toutes les observances religieuses.... On apercevait en elle quelque chose
de divin qui, en la rendant aimable, faisait
aussi aimer la divine bonté, qui était le principe
de sa perfection. »

L'influence d'une si éminente vertu se fit
sentir. Sainte Fare avait un frère ; elle l'amena
à quitter le monde et à embrasser la cléricature.
Il devint évêque de Meaux, en 626, et est
honoré sous le nom de saint Faron. Après
avoir gouverné son monastère avec sagesse,
sainte Fare mourut plus qu'octogénaire, en
l'année 655.

Faremoutiers peuplé, dès son origine, de
nombreuses et illustres vierges, conserva
longtemps sa célébrité et sa ferveur. Dans
l'Oraison funèbre d'Anne de Clèves, Prin-
cesse Palatine, prononcée le 9 août 1685,
Bossuet disait : « Dans la solitude de sainte
Fare, autant éloignée des voies du siècle que
sa bienheureuse situation la sépare de tout
commerce du monde ; dans cette sainte mon-
tagne que Dieu avait choisie depuis mille ans,

les épouses de Jésus-Christ font revivre la beauté des anciens jours, et les joies de la terre y sont inconnues. » Dix ans plus tard, en 1695, ayant pris connaissance de l'état de Fare-moutiers, le grand évêque représentait ce monastère comme le modèle de ceux du diocèse de Meaux (1).

II. Dieu, qui glorifiait sainte Fare dans l'œuvre qu'elle avait fondée, entourait en même temps ses précieux restes de l'éclat des miracles.

En 695, son corps fut renfermé dans une châsse où il devint l'objet de la vénération. On invoquait sainte Fare surtout pour les maux d'yeux. C'est encore la grâce que les fidèles sollicitent par son intercession.

Il en est ainsi dans la paroisse de Mont-garoult, qui possède une très belle relique de sainte Fare. Elle lui fut léguée par messire Jean Chevallier, vicaire général et official de Jean de Vieux-Pont, évêque de Meaux.

Lorsque M. de Vieux-Pont, qui était seigneur de Chailloué, chanoine et grand chan-

(1) Procès-verbal de visite.

tre de la cathédrale de Séez, fut appelé, en 1602, sur le siège de Meaux, il emmena avec lui Jean Chevallier, pareillement prêtre de Séez.

M. Chevallier, au milieu des charges et honneurs que lui conféra l'Evêque son ami, n'oublia point son pays d'origine. Il voulut lui laisser un témoignage de son fidèle souvenir. Une circonstance lui en fournit un moyen digne de sa piété.

En 1622, Jean Chevallier présidait à l'ouverture de la châsse de sainte Fare et présentait les reliques à la vénération des religieuses de Faremoutiers. L'une d'elles, Charlotte le Bret, aveugle depuis quelques années, avait eu en vain recours à l'art des médecins. Se trouvant présente à l'ouverture de la châsse, elle ne se contenta pas de baiser les reliques, elle les fit encore appliquer sur ses yeux. Elle y ressentit de la douleur, bien que depuis quatre ans elle ne souffrît plus rien. L'application ayant été recommencée une seconde et une troisième fois, la malade s'écria qu'elle voyait : sa guérison était complète.

La nouvelle d'un tel prodige s'étant répandue dans tout le diocèse de Meaux et aux environs de Paris, ranima la dévotion à sainte Fare et la confiance en ses reliques.

Il est présumable que ce fut alors que Jean Chevallier, témoin du miracle, détacha un des os de la main de la Sainte et le fit renfermer dans un reliquaire.

Deux ans plus tard, le 9 août 1624, il faisait son testament. Par un des articles, il léguait la relique et le reliquaire à l'église paroissiale de Montgaroult. Jean Chevallier mourut en 1625, et son testament fut ponctuellement exécuté.

Le curé de Montgaroult, Pierre de Corday, reçut avec grande joie et profonde vénération le legs de Jean Chevallier et le déposa dans le trésor de son église (1).

(1) Pierre de Corday appartenait à la famille de ce nom qu'un événement fameux devait fixer dans l'histoire. Il avait été appelé, en 1607, à la cure de Montgaroult par Jean Bertaut, évêque de Séez, sur la présentation de François Rouxel de Médavy, abbé commendataire du monastère cistercien de Saint-André-en-Gouffern.

Depuis lors, sainte Fare est honorée à Montgaroult, et, chaque année, un jour est spécialement consacré à la vénération de ses reliques. Autrefois, ce jour était le lundi de la Pentecôte ; maintenant, l'exposition du reliquaire a lieu le dimanche dans l'octave de la Toussaint, où le diocèse de Séez célèbre la fête des Saintes Reliques (1).

Le 13 octobre 1703, Monseigneur d'Aquin ayant visité canoniquement l'église de Montgaroult, s'exprimait ainsi dans son procès-verbal : « Nous avons trouvé, dans la dite église, une relique exposée à la vénération publique, dans une espèce de châsse élevée. La dite relique de sainte Fare avait été donnée et léguée à la dite église par le sieur Jean Chevallier, chanoine, chancelier official et grand vicaire de l'évêque de Meaux, par un article de son testament (2). La dite relique est

(1) *Propre du diocèse de Séez*, approuvé à Rome.
(2) Outre le don de la relique de sainte Fare, Jean Chevallier avait fait une fondation, en la chapelle Sainte-Anne, de l'église de Montgaroult. On trouve cette fondation consignée en ces termes dans les archives de l'évêché de Séez : « Le sieur

enchâssée dans un reliquaire de bois noir, orné de cuivre doré et de cristal. On dit que l'os est un des os de la main. »

Ce point fut constaté à Séez par un médecin, que Monseigneur d'Aquin consulta. L'évêque s'était fait apporter, dans son palais, la relique de sainte Fare. Après qu'elle eut été reconnue, le prélat la fit replacer dans le cylindre en cristal qui occupe transversalement le milieu du reliquaire, donné par Jean Chevallier, et y apposa le sceau de ses armes (1).

Le 9 octobre 1763, Monseigneur Néel de Christot disait dans le procès-verbal de sa visite à l'église de Montgaroult : « Il y a dans « cette église des reliques de sainte Fare « examinées autrefois par Monseigneur d'Aquin « et scellées de son sceau, que nous avons « reconnu et qui est sain et entier. » Le sceau

des Moutis paye pour la chapelle Sainte-Anne cent sols au trésor et cent sols pour quatre services à l'intention du sieur Chevallier, son oncle, qui a donné la relique de sainte Fare. »

(1) Les armoiries de Mgr d'Aquin étaient: *à la bande d'argent et d'azur, au chef de gueules, chargé d'un léopard d'argent.*

existe encore dans son intégrité (octobre 1885).
Sur le socle du reliquaire, on lit :

SANTA FARA.

Un peu au-dessus, l'inscription suivante se
voit gravée sur une plaque de cuivre :

GRATIAS TIBI D^{ne} JESU
CHRISTÆ QUI VIRGINI TUE FARE
TRIBUISTI PARITER SECULUM
ET SEXUM DEVINCERE.

PRIÈRE

Grâces vous soient rendues, Seigneur Jésus-
Christ, vous qui avez accordé à votre vierge sainte
Fare de triompher du monde et de la faiblesse de
son sexe ; nous vous prions, par sa puissante intercession, de nous rendre, comme elle, victorieux
dans les combats de la chasteté, afin que nous
jouissions éternellement de la vue de Dieu, que
vous avez promise à ceux qui ont le cœur pur ;
vous qui vivez et régnez en l'unité du Père et de
l'Esprit-Saint, dans les siècles des siècles.
Ainsi soit-il.

Sainte Fare, priez pour nous.

Séez. — Typ. de MONTAUZÉ.